LE MONDE
PHOTOGRAPHIE

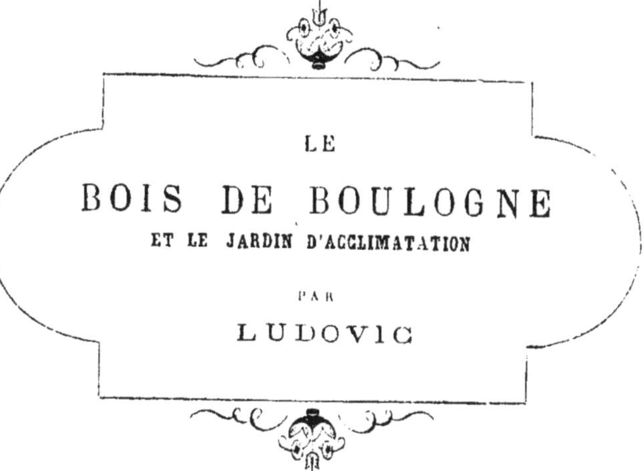

LE

BOIS DE BOULOGNE

ET LE JARDIN D'ACCLIMATATION

PAR

LUDOVIC

PARIS

N.-J. PHILIPPART, LIBRAIRE-ÉDITEUR

4, rue Honoré-Chevalier

SOUS PRESSE :

LA VILLE ET LE PORT DE BORDEAUX.
LA VILLE DE VARSOVIE.
LES AMIRAUX DE FRANCE.
LA VILLE DE CONSTANTINOPLE ET LE BOSPHORE.
LA VILLE ET LA CATHÉDRALE DE MEXICO.
LA SUISSE. — BERNE.
LA VILLE DE BRUXELLES.
LE PALAIS DE LA REINE A LONDRES.
LE PALAIS DE JUSTICE ET LA SAINTE-CHAPELLE.
LA VILLE DE JÉRUSALEM.

Il paraît un volume tous les samedis

PRIX D'ABONNEMENT :

Franco pour toute la France

Trois mois, **12** fr.; — Six mois, **24** fr.; — Un an, **48** fr.

Paris. — Typ. de Cosson et Comp., rue du Four-Saint-Germain, 43

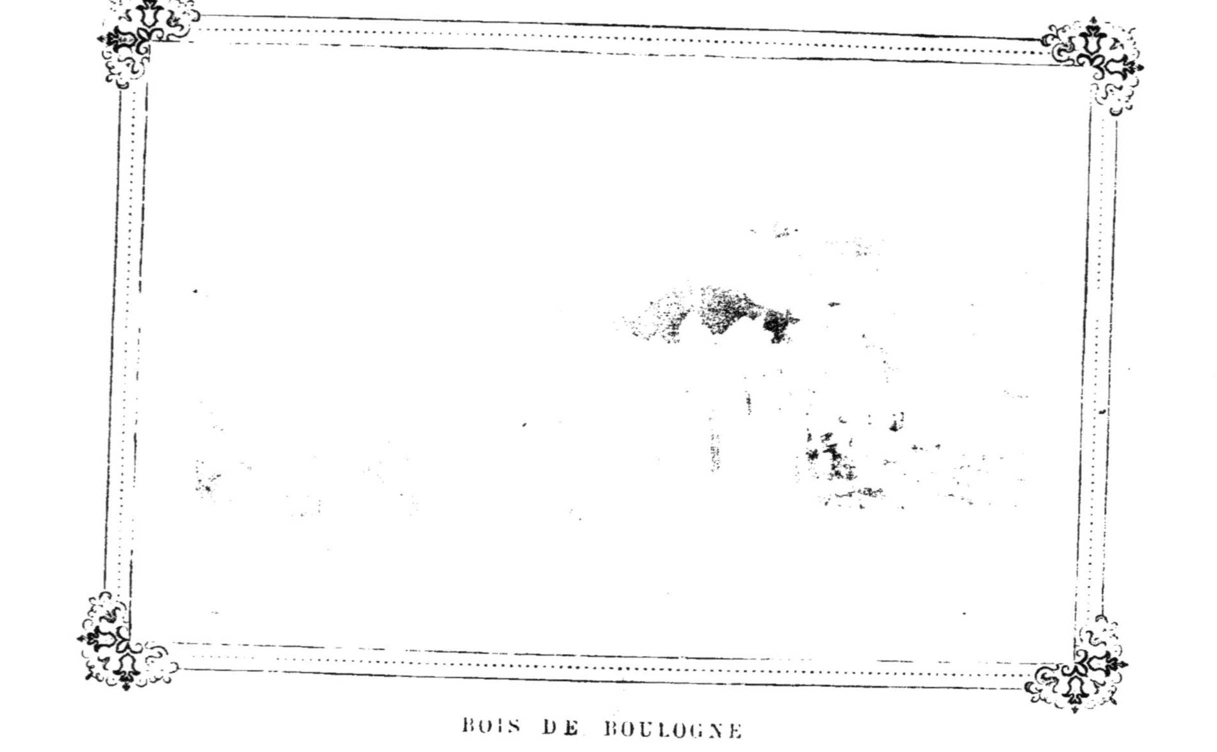

BOIS DE BOULOGNE

LE BOIS

DE

BOULOGNE

PAR

A. JEUNESSE

PARIS

N.-J. PHILIPPART, ÉDITEUR

4, RUE HONORÉ-CHEVALIER

1863

LE BOIS

DE BOULOGNE

Le plus grand nombre des promeneurs aime à suivre et à grossir la foule.

A ceux-là nous dirons : Partez par une belle journée de dimanche de la place de la Concorde; que votre équipage prenne la file: suivez la grande avenue des Champs-Élysées; laissez à votre droite l'Arc de Triomphe de l'Étoile; entrez dans la magnifique avenue de l'Impératrice et pénétrez dans le bois de Boulogne par la porte Dauphine; vous ferez le tour des lacs, vous admirerez des allées bordées de réverbères au gaz, vous passerez devant l'hippodrome de Longchamp, vous verrez jaillir les eaux de la grande cascade; après avoir laissé à votre gauche la somptueuse habitation de M. le préfet de la Seine, vous regarderez sans y entrer le pré Catelan, et faisant une pointe à gauche vous jetterez un coup d'œil sur Bagatelle et Madrid; vous verrez l'entrée du Jardin d'acclimatation. Coupant enfin au court par la route des Sablons, vous vous hâterez de regagner la porte Dauphine et l'avenue de l'Impératrice. En suivant cet itinéraire vous aurez eu l'occasion de voir une foule élégante, et vous vous serez *montré au Bois*... Mais le bois de Boulogne, l'aurez-vous vu? Je me permets d'en douter.

Il est une autre classe de promeneurs qui, tout en admirant les splendeurs du présent, aime à évoquer les souvenirs du passé.

Pour ceux-ci le musée de Versailles est la collection la plus admirable du monde, mais ils se plaisent à retrouver dans un couloir dédaigné de la plus ancienne partie du château, des traces du passage de Louis XIII; pour eux, l'Arc de Triomphe de l'Étoile est un monument splendide érigé à la gloire militaire de la France de l'époque actuelle, mais ils accueillent avec empressement la tradition qui fait de cette éminence le théâtre d'une rencontre sanglante entre les habitants de Lutèce et une légion de Labiénus.

C'est à ces promeneurs d'élite que s'adresse surtout le *Monde photographié*, et si le lecteur veut bien nous suivre, c'est pendant un jour de la semaine et à dix heures du matin, — avant l'arrivée des autres promeneurs, — que nous pénétrerons dans le Bois, en y entrant, par exemple, par la porte de Boulogne, et après avoir visité la petite église de cette ville ou de ce village, église dont la construction remonte au commencement du quatorzième siècle et qui a été édifiée sur les plans de Notre-Dame de Boulogne-sur-Mer.

Devant nous s'étend une allée à perte de vue dans la direction de l'ancien château de Madrid. Cette grande allée a conservé le nom d'*avenue de la reine Marguerite.*

Reportons-nous à l'année 1606. Dans cette allée se promenait vers l'heure de midi une princesse dans la maturité de l'âge, en conversation fort sérieuse avec un homme d'une trentaine d'années, portant l'habit ecclésiastique. Il était midi, disons-nous, et l'abbé gourmandait sa pénitente d'avoir cédé de nouveau au péché de paresse, et de ne s'être levée et habillée qu'après y avoir été contrainte par les femmes à son service. Comme pénitence, elle devra assister le lendemain à la messe de huit heures au couvent de Longchamp, et elle donnera trois écus d'or à une pauvre femme dont la maison a été incendiée.

Vous reconnaissez sans doute nos promeneurs ? Marguerite de Valois, la première femme de Henri IV, est venue habiter son château de Madrid, et elle reçoit avec une sincère humilité les réprimandes que lui adresse son aumônier, Vincent de Paul, revenu depuis deux ans de son esclavage volontaire, et que sa charité sans bornes a fait élever plus tard au rang de saint.

Malheureusement, ce n'étaient pas toujours de simples péchés de paresse qu'avait à confesser Marguerite. Écoutons ce que dit de cette princesse l'abbé Bellanger, auteur d'une *Histoire de Neuilly :*

Religieuse à sa façon, dit-il, elle observait minutieusement les pratiques les plus rigides; prosternée des heures entières au pied des autels, elle entendait souvent plusieurs messes en un jour; le monastère de Longchamp dans le bois de Boulogne, et celui des Petits-Augustins, lorsqu'elle était à Paris dans le palais qu'elle s'était fait construire en face le Louvre, sur la rive gauche de la Seine, étaient ses lieux de prédilection. Elle visitait ordinairement chaque mois les hôpitaux, entretenait annuellement douze mille pauvres, distribuait elle-même, le jour de son baptême et aux quatre bonnes fêtes, cent écus d'or aux malheureux. Elle avait dans sa maison, montée du reste sur un pied royal, quarante prêtres, aumôniers et chapelains, et un évêque veillait avec soin sur leur travail et sur leur vie régulière.

Cette dévotion n'empêchait point la reine Marguerite de se livrer publiquement aux désordres les plus effrénés. Ainsi, elle fit étrangler en pleine rue un gentilhomme nommé Vermont, qui venait de tuer déloyalement Datte, l'un de ses pages, à qui elle prodiguait toute son affection.

— Qu'on tue le méchant! qu'on l'étrangle! criait-elle à ses gens.

Et pour leur éviter la peine de chercher une corde :

— Tenez, voilà mes jarretières.

Comme le roi lui fit adresser des remontrances sévères sur ce meurtre, elle fit dire cent messes pour le repos de l'âme du défunt...

Nous reviendrons plus tard au château de Madrid. En attendant, un petit sentier va d'abord nous conduire à la *mare d'Auteuil*, qui est aujourd'hui une jolie pièce d'eau.

Asseyons-nous sur un des bancs qui l'entourent.

A cette place se sont un jour montrés, dans un attirail quelque peu débraillé, plusieurs de nos vieux, de nos illustres amis.

Un joyeux souper avait réuni à Auteuil Racine, Boileau (1), Jonsac, Chapelle et Lulli : Boileau avait

(1) Boileau, Racine, Molière, avaient chacun une maison à Auteuil.

Tout le monde se rappelle ces vers de Boileau :

> Antoine, gouverneur de mon jardin d'Auteuil,
> Qui diriges chez moi l'if et le chèvrefeuille.

Auteuil a depuis quelque temps une rue Molière. La première maison de cette rue a été habitée par l'auteur du *Misanthrope*. C'est aujourd'hui une espèce de temple avec une inscription portant : *Ici fut la maison de Molière.*

La maison de Racine était en face.

L'habitation de Boileau est au n° 18 de la rue qui porte son nom.

Jusqu'à ces dernières années on montrait aussi à Auteuil une maison portant sur sa façade un abricotier peint, avec la devise à l'*Abri-Coictier*. C'était l'ancienne résidence du médecin de Louis XI. Nous aurons à revenir sur ce personnage.

récité une de ses satires inédites, Lulli avait chanté un de ses airs les plus harmonieux. Les vins avaient circulé avec profusion. Tout à coup, la conversation prend une allure philosophique.

— Qu'est-ce que la vie?

— Qu'est-ce que l'existence?

— Vivre est sommeiller, mourir c'est commencer à vivre.

Les vins d'Argenteuil et de Suresnes aidant, nos philosophes concluent que la meilleure manière de vivre c'est de mourir, et, se prenant par la main, ils se dirigent ensemble vers la Seine pour mettre fin à leur existence sublunaire. Mais ce n'est pas au fleuve, c'est à la mare qu'ils arrivent, après avoir écarté de leurs épées les voisins accourus sur leur passage. Ils vont se précipiter, lorsque apparaît Molière.

Molière a étudié le cœur humain dans tous ses replis. Mettre obstacle aux projets d'un homme aviné, c'est le pousser à l'exécution immédiate. Ce sera tout autrement que s'y prendra l'auteur du *Malade imaginaire*.

— Vous avez bien raison, mes amis, s'écrie-t-il : et moi aussi je veux en finir de cette existence maudite : mais c'est au grand jour et non point dans les ténèbres que doit s'accomplir une action comme la nôtre. On croirait que nous en avons honte !

— Messieurs, reprend Chapelle, Molière a raison, nous nous noyerons demain ; en attendant qu'il fasse jour, allons boire le vin qui nous reste...

La nuit porta conseil : la France ne perdit ni ses poëtes, ni son musicien, ni son graveur.

Reprenons notre promenade, bientôt les rayons du soleil nous convieront à une nouvelle halte. Nous gravissons la *butte Mortemart* et nous allons nous abriter sous le grand cèdre qui l'ombrage. Le panorama qui se déroule devant nous, nous dédommage de la fatigue de l'ascension. Admirons les arbres séculaires qui nous entourent : ils ont échappé au vandalisme de l'armée des alliés qui a occupé le Bois de Boulogne en 1815, et qui l'a presque complétement dévasté à cette époque.

Ce petit moulin dont les ailes sont arrêtées est le spécimen d'une des grandes conquêtes de l'industrie moderne. C'est un Appareil-Bernard. Les moulins à vent, tels qu'ils fonctionnent aujourd'hui, ont le double inconvénient de ne pas marcher lorsque le vent est trop faible, parce que la résistance qu'ils présentent est alors trop forte, et de marcher trop vite lorsque le vent est fort, parce qu'alors leur résistance est trop faible, ce qui détériore rapidement tout l'appareil. M. Bernard (de Lyon), a eu l'idée d'opposer une résistance variable à une force variable, en ajoutant à son moulin un compensateur qui se règle de lui-même d'après la force du vent. Serrons la main à cet inventeur, qui n'est pas seulement un homme de génie, mais qui est aussi un de ces hommes au caractère fortement trempé, dont les obstacles grandissent le courage et l'énergie. Grâce aux encouragements qu'il reçoit et aux commandes qui lui viennent de toutes parts, nous pourrons peut-être dire bientôt que c'est un *homme arrivé.*

Une brise fraîche nous indique la proximité d'eaux jaillissantes. Nous nous sommes munis des *Chemins de fer illustrés* (1), publiés par M. Gallois, et je note des détails d'une grande précision topographique :

Les Lacs. — Les lacs, l'un de onze, l'autre de trois hectares de superficie, ont été creusés l'un à côté de l'autre ; le premier, s'étendant sur une longueur de 1152 mètres sur 102 de largeur moyenne, contient 83 675 mètres cubes d'eau ; le second, long de 412 mètres et large de 55, en contient 27 400 ; leur profondeur moyenne est de 1 mètre 50 centimètres.

Le petit lac, ou *lac supérieur*, reçoit, sous forme de cascades s'élançant avec bruit d'un double banc de rochers, les 7 à 8 000 mètres cubes d'eau qu'y envoie, par jour, la pompe à feu de Chaillot, à l'endroit appelé le *Rond de la Source*, au pied de la butte de Mortemart.

Les eaux du lac supérieur s'élancent à leur tour en larges cascades dans le lac inférieur, au carrefour appelé le *Rond des Cascades.*

(1) *Ligne d'Auteuil*, Bois de Boulogne.

Les îles. — Deux îles fleuries, reliées par un pont rustique, attirent le promeneur, que de nombreux bateaux, placés à divers embarcadères, y conduisent.

L'île du Nord, presque entièrement boisée, a une longueur de 416 mètres ; à son extrémité méridionale s'élève un chalet suisse transformé en restaurant du grand monde ; aujourd'hui, l'on y donne des fêtes, comme naguère au Pré Catelan, et sur un théâtre qui s'est élevé dans l'île on représente de petites pièces et des vaudevilles.

L'île méridionale a 335 mètres de longueur : de vertes pelouses émaillées de fleurs, un gracieux kiosque y amènent de nombreux visiteurs.

En hiver les eaux des lacs offrent une grande surface polie qui attire chaque jour un grand nombre de patineurs. L'Empereur et l'Impératrice ne dédaignent pas de venir donner parfois des preuves de leur adresse à cet exercice élégant.

Malheureusement, malgré les soins les plus minutieux, il n'est pas toujours possible de prévenir les accidents : il y a deux ans, des patineurs ayant formé une chaîne, ceux qui étaient en tête n'ont pu résister à l'impulsion de ceux qui les poussaient : la barrière qui séparait la glace compacte de celle qui n'était pas suffisamment durcie a été rompue par le choc et a été dépassée. La glace s'est brisée et plusieurs personnes n'ont pu être repêchées avant l'asphyxie complète.

A notre droite se dessine un triangle verdoyant, qui s'étend jusqu'aux fortifications, c'est le *parc aux daims*. Des daims, des cerfs y broutent l'herbe tendre, et viennent à travers le grillage prendre dans la main le pain qu'on leur présente.

Sortons un moment du Bois et arrêtons-nous devant un élégant pavillon carré précédé d'une grille; c'est un débris de l'ancien château de la *Muette*, où vint s'éteindre en 1709 la duchesse de Berri, fille du régent, qui avait pris pour devise et pour règle de sa vie : *courte et bonne* (1).

C'est dans ce château de la Muette que Louis XV venait quelquefois présider à de petits soupers, sous le titre de baron de Gonesse. Mais, disent les mémoires du temps, lorsque quelque convive dépassait les bornes de la familiarité, le baron de Gonesse s'écriait :

— Messieurs, le roi.

Et l'étiquette reprenait son empire (2).

(1) On rapporte que la jeune duchesse fut si vivement frappée d'une prédiction lui annonçant sa mort avant sa vingt-cinquième année, qu'elle passait ses journées dans les prières et dans les mortifications aux filles du Calvaire; mais lorsque arrivait le soir elle rentrait, soit à Longchamp, soit à la Muette, et s'y livrait la nuit aux plaisirs les plus désordonnés. Elle mourut à vingt-quatre ans, des suites, dit-on, d'un accouchement secret.

(2) Ceci nous rappelle une anecdote de l'autre côté du détroit.

Le prince de Galles (depuis Guillaume) réunissait parfois le soir plusieurs de ses favoris dans une chambre particulière d'une des grandes tavernes de Londres. Pour que les convives

La Muette a aussi été habitée par Louis XVI. C'est ici qu'il signa l'édit par lequel il renonçait au droit de joyeux avénement. Aujourd'hui le château de la Muette est la propriété de madame Érard, la veuve du célèbre facteur de pianos. Les artistes et les connaisseurs vont y visiter une magnifique collection de tableaux.

Le boulevard et la longue avenue qui s'étendent à notre droite rappellent, par leur nom, l'emplacement d'un établissement qui jouit jadis d'une très-grande vogue : le *Ranelagh*, où chaque jeudi un bal champêtre réunissait « la cour et la ville, » comme disaient les journaux du temps.

C'est à l'endroit que nous visitons, la pelouse de la Muette, qu'eut lieu la première ascension aérostatique de Pilâtre des Rosiers. Par une singulière coïnci-

pussent jouir d'une plus grande liberté, tout ce dont on pouvait avoir besoin se trouvait placé sur des étagères à portée de la main, et il était interdit aux domestiques de pénétrer dans la chambre à moins qu'ils n'y fussent appelés.

Tout à coup Dorsay, l'un des convives, s'aperçoit que la dernière bouteille de champagne est vidée, et, voulant en avoir d'autre, il se tourne vers le prince et lui dit familièrement :

— *William, ring the bell* (Guillaume, tire la sonnette, sonne). Le prince fait un mouvement, qu'il réprime aussitôt, puis il sonne.

Un domestique apparaît.

— Faites avancer la voiture de monsieur le comte, dit-il en désignant Dorsay.

Ajoutons que la disgrâce ne fut pas de longue durée.

dence, c'est la même place qui est désignée pour être la première station de l'omnibus aérien qui doit enlever dans chaque course 250 voyageurs à la place de la Concorde, pour les déposer à l'entrée du Bois de Boulogne.

Reprenons maintenant notre promenade, et dirigeons-nous vers la *porte Maillot*, après avoir passé devant la *porte Dauphine* qui s'ouvre sur la magnifique avenue de l'Impératrice ; notons en passant que deux stations du chemin de fer d'Auteuil viennent déverser ici pendant la belle saison des flots de promeneurs.

Jusqu'à ces derniers temps le Bois de Boulogne était le théâtre traditionnel de tous les duels, et c'étaient les sombres fourrés de la porte Maillot qui étaient ordinairement choisis pour terrain de la lutte.

Les mémoires et les recueils d'anecdotes fourmillent d'histoires de rencontres qui ont eu ici leur dénoûment, — tantôt lugubre, — tantôt simplement gastronomique, car le suisse de la porte Maillot a cumulé pendant longtemps les fonctions de gardien du Bois et celles de restaurateur. Si parfois son aide était requise pour porter le brancard sur lequel gisait un des combattants mortellement blessé, le plus souvent c'est à son talent culinaire qu'on venait faire appel.

Glanons au hasard quelques-unes de ces anecdotes.

En voici d'abord une très-sérieuse que rapporte le spirituel auteur de *Paris et Versailles* :

Les gardes-suisses avaient une juridiction militaire toute particulière, et mettaient la plus grande importance à cette prérogative. Leur jalousie, à cet égard, portée à l'excès, donna lieu, en 1762, à un événement cruel qui aurait dû faire sentir tout le danger d'une pareille distinction.

Le chevalier d'Erlach et le comte de Salis, servant tous deux dans ce corps, étaient amis intimes. Leurs sociétés, leur fortune, leurs plaisirs étaient communs, et il était rare qu'on les rencontrât séparés l'un de l'autre, à moins qu'ils n'y fussent forcés par leur service ou par la nécessité la plus absolue. Se trouvant ensemble au spectacle, mais dans des loges différentes, M. de Salis alla chercher son camarade et le tira par son habit pour l'amener auprès de lui. Celui-ci, occupé apparemment agréablement, répondit à cet appel d'un ton qui dut paraître en effet plus que brusque à ceux qui ne les connaissaient pas. Des gens officieux qui se trouvaient présents et qui ignoraient leur intimité, crurent faire un acte de prudence en leur envoyant de suite des gardes de la connétablie pour éviter toute voie de fait. Dès le lendemain matin, on les fit comparaître au tribunal des maréchaux de France, où il leur fut ordonné de ne mettre aucune suite à cette affaire, de se réconcilier et de s'embrasser ; et il leur fut d'autant plus facile d'obéir, que ni l'un ni l'autre n'auraient eu le moindre souvenir de ce qui s'était passé, sans la maladresse qui en avait fait une affaire grave.

Cependant, les anciens officiers du régiment n'aperçurent dans la citation donnée à ces messieurs, et dans leur comparution par-devant les maréchaux de France, qu'une infraction importante au privilége de leur corps et de leur nation, et, voulant en soutenir avec éclat les droits dans leur intégrité, ils s'assemblèrent et arrêtèrent, par une délibération formelle, que la réconciliation faite sous l'autorité d'un tribunal incompétent serait regardée comme nulle, et que les deux jeunes gens seraient obligés de se battre ensemble, en présence de quelques-uns de leurs camarades, sous peine d'être renvoyés et dénoncés à leurs cantons, comme ayant volontairement porté atteinte aux droits et prérogatives des corps militaires suisses au service de la France. On leur signifia cet ordre; et comme la dénonciation dont ils étaient menacés pouvait avoir les suites les plus désagréables pour leurs familles, ils se crurent obligés de s'y conformer. Les deux amis se rendirent chez le suisse de la porte Maillot, au bois de Boulogne, où ils avaient fait préparer un grand déjeuner, auquel ils affectèrent d'inviter, avec plusieurs de leurs camarades, quelques officiers aux gardes-françaises. Rien n'avait moins l'air du prélude d'une affaire sérieuse; et ils assaisonnèrent au contraire le repas de toute la gaieté de leur âge. Mais, au moment où l'on n'était occupé que des plaisirs de la table, ils s'échappèrent avec quatre témoins, et les convives, un quart d'heure après, virent rapporter le comte de Salis percé d'un grand coup d'épée au côté, et accompagné du chevalier d'Erlach dans la plus extrême douleur.

Heureusement, la blessure ne fut point mortelle, mais elle le retint au lit six semaines, pendant lesquelles le chevalier n'abandonna son ami ni jour ni nuit. Ils envoyèrent d'après cela, et d'un commun accord, leur démission, mais on ne voulut pas l'accepter, et ils furent obligés de céder aux instances de l'estime et de l'amitié dont tout le corps leur prodigua les témoignages les plus flatteurs.

M. Gallois a recueilli quelques historiettes plus gaies:

Un Gascon, — ces pauvres Gascons, qui en général savaient assez se battre, ont été mis à toutes sauces, et peut-être par leurs compatriotes, — un Gascon se trouvait avoir sur le cœur une affaire d'honneur dont il se souciait assez modérément.

Mais comment l'éviter sans compromettre une réputation de pourfendeur que lui donnait une énorme moustache, un regard fixement féroce ? Notre Gascon s'achemine vers le bois de Boulogne, tout pensif; il le parcourt dès l'aube.

O bonheur ! Il rencontre deux cadavres, le corps traversé d'une épée ; deux combattants s'étaient enferrés la veille. Notre Gascon accourt vers le suisse de la porte Maillot, lui signale son adversaire et ses témoins, et lui dit dans quel fourré il faut les envoyer le rejoindre. L'adversaire s'y rend et y trouve notre Gascon assis entre les deux cadavres.

— Qué voulez-vous ? s'écrie celui-ci, jé mé suis amusé à péloter avec ces messieurs en attendant partie.

On pluma des canards.

C'est aussi au bois de Boulogne qu'eut lieu le duel si popularisé sous le nom de duel de l'apothicaire. A la suite d'une querelle de spectacle, rendez-vous avait été pris entre les deux parties. Chacune d'elles arrive sur le terrain avec ses témoins; mais si ceux de la première apportaient la boîte de pistolets d'usage et les fleurets de rigueur à la pointe emprisonnée dans un bouchon, l'autre ne portait rien.

— Vous êtes militaire, monsieur, dit l'un des adversaires en tirant une petite boîte de sa poche, je ne le suis pas. Les armes vous sont familières; jamais épée, sabre ou pistolet ne m'ont passé par les mains. Mais j'ai assez de courage ou d'honneur pour savoir jouer, au besoin, ma vie contre celle d'un homme que j'estime ; et quoique je ne sois qu'un apothicaire, je ne suis ni moins brave ni moins galant homme que vous. Voici deux pilules, dont l'une est empoisonnée. Je vous laisse le choix des deux. Avalez-en une, j'avalerai l'autre.

L'on pluma des canards.

Je ne voudrais rien dire ici contre l'héroïsme du sectateur d'Esculape, mais je crains bien qu'il n'y ait eu un peu de gasconnade dans sa proposition. Cagliostro, la renouvelant à un médecin, ajoutait :

— Après avoir avalé ma pilule, si vous avez choisi la mauvaise, vous prendrez tous les contre-poisons que vous voudrez, vous n'en mourrez pas moins ; moi, au contraire, je suis certain d'en neutraliser sur moi l'effet mortel.

Le duel des pilules était donc bien, lui aussi, un duel inégal.

Une dernière anecdote, assez généralement connue, mais qui trouve ici sa place naturelle :

L'acteur Dugazon semblait s'être fait une joyeuse tâche de mystifier Desessarts, son camarade, qui était d'une énorme corpulence. La ménagerie royale, qui était à Versailles avant la Révolution, venait de perdre le seul éléphant qu'elle possédât. Dugazon l'apprend et combine une nouvelle mystification pour son souffre-douleur :

— Mon ami, lui dit-il, il faut que tu viennes avec moi chez le ministre. Il s'agit de jouer un petit proverbe, et j'ai pour cela besoin d'un compère intelligent comme toi. Surtout n'oublie pas de te mettre en grand deuil ; tu seras censé représenter un héritier.

Ce pauvre Desessarts prend le deuil le plus complet ; il ressemblait presque à un corbillard, et voilà nos deux camarades en route.

— Monseigneur, dit Dugazon au ministre en arrivant et en lui présentant Desessarts, la Comédie-Française a été on ne peut plus sensible à la mort du bel éléphant qui faisait l'ornement de la ménagerie du roi ; et si quelque chose pouvait la consoler, c'est de fournir à Sa Majesté l'occasion de reconnaître les longs services de notre camarade Desessarts : en un mot, je viens, au nom de la Comédie-Française, vous demander pour lui la survivance de l'éléphant.

On s'imaginera sans peine et les éclats de rire de l'assistance, et la mine piteuse de Desessarts, à cette sortie inattendue ; il sort furieux, et envoie à Dugazon un cartel pour le lendemain matin.

Voici nos deux champions en présence, l'épée à la main, dans le bois ; mais Dugazon abaisse la sienne, et s'approche de son adversaire :

— Mon ami, lui dit-il, j'éprouve vraiment un scrupule en me mesurant avec toi ; tu me présentes une surface énorme, j'ai trop d'avantage sur toi : laisse-moi égaliser la partie.

Et, traçant un rond sur le ventre de Desessarts avec un morceau de craie qu'il tire de sa poche, il ajoute :

— Écoute, tout ce qui sera hors du rond ne comptera pas !

Encore un duel qui finit naturellement chez le suisse de la porte Maillot.

Suivons maintenant l'avenue qui se présente à notre gauche, une magnifique grille se dresse devant nous : c'est l'entrée principale du *Jardin d'acclimatation*, entrée majestueuse et digne d'une semblable institution.

Le Jardin d'Acclimatation n'est pas seulement un lieu de promenade et de récréation. Il a un but éminemment utile. Il a été créé pour naturaliser en France les espèces étrangères d'animaux susceptibles de domestication et les plantes exotiques utiles pour l'alimentation ou l'ornementation de nos jardins et de nos appartements.

Nous étonnerons sans doute un grand nombre de nos lecteurs en leur disant que la Société Impériale d'Acclimatation constitue aujourd'hui une des plus vastes associations agricoles qui aient jamais existé. Et cependant cette assertion est exacte, c'est le *Moniteur* qui nous l'apprend. Cette société compte parmi ses protecteurs : l'Empereur, le Prince Napoléon et les Souverains de presque tous les pays civilisés; elle est en relation avec toutes les Sociétés savantes qui s'occupent des sciences naturelles, et avec les administrateurs de tous les pays du globe qui désirent favoriser les travaux propices au bien-être des populations.

Le Jardin d'Acclimatation, créé sous les auspices de la Société, grâce à la générosité de la ville de

Paris et à la puissante intervention de l'Empereur qui a fait augmenter de 5 hectares les 15 hectares concédés d'abord à cet établissement, forme le plus bel enclos que l'on pût désirer pour mettre sous les yeux des habitants de la capitale et des nombreux étrangers qui la visitent les résultats des expériences faites sur les produits des deux règnes au point de vue tant de leur acclimatation que de leur perfectionnement.

Cette Société, qui comprend parmi ses membres des naturalistes illustres et des éleveurs éclairés, est à l'œuvre pour suivre la voie ouverte par les travaux de Buffon, de Daubenton et d'Etienne et Isidore Geoffroy Saint-Hilaire. Elle s'est donné la patriotique mission d'étudier toutes les questions qui se rattachent aux sciences naturelles appliquées à l'exploitation agricole, et surtout à la production animale. Elle se propose d'examiner successivement toutes les races d'élite, représentées par des individus exposés au Jardin du bois de Boulogne. Elle en fera l'histoire et indiquera les moyens raisonnés de les perfectionner et de les mieux approprier à leur destination respective. Les visiteurs de cet établissement peuvent se convaincre que la France possède tous les éléments nécessaires pour se livrer avec succès à l'élevage de diverses espèces domestiques, et qu'à part de rares exceptions, elle n'a pas besoin de recourir à l'étranger pour se procurer des reproducteurs qui, on le sait, sont le plus souvent loin de répondre au but que devait remplir leur importation.

Nous visitons successivement la magnanerie où l'on essaye de combattre l'épidémie des vers à soie et où l'on propage le ver de l'ailante dont les produits sont destinés à prendre une large place dans l'industrie; — les ruches où les apiculteurs vont recueillir des enseignements précieux; — la bergerie où s'élèvent des brebis à la riche toison et où se rencontrent des mérinos de la plus belle espèce.

Les écuries méritent une attention spéciale. C'est là que, suivant l'exemple donné par l'Angleterre, on manipule, d'après les indications de la zoologie pratique, quelques-unes des races de chevaux de la France pour les transformer en quelque sorte et les rendre plus aptes aux fonctions spéciales qu'on veut leur faire remplir. Les amateurs admirent les chevaux de trait du Bourbonnais, de la Franche-Comté, du Perche, de la Bretagne, pendant que les cultivateurs s'arrêtent devant les vaches laitières de la Normandie et de la Flandre française, et devant les bœufs de Salers, d'Aubrac, de Limoges, d'Agen et de la Franche-Comté.

Nous nous arrêtons aussi devant cette quantité prodigieuse et cependant choisie de lamas, d'antilopes et de cerfs; nous admirons le parc des mammifères, la poulerie et la volière ; nous constatons le nombre toujours croissant des plantes qu'on cultive dans les serres et dans le jardin d'essai, et enfin nous visitons l'*Aquarium*, création originale et curieuse, où le spectateur peut sonder d'un coup d'œil les mystères des profondeurs de l'Océan et se convaincre de l'existence de ces êtres étranges qui tiennent à la fois de la nature de la plante et de celle du poisson.

L'aquarium nous montre aussi des essais de pisciculture, cette industrie nouvelle qu'un humble pêcheur avait entrevue, et qu'un professeur académicien a su enfin faire admettre dans le domaine officiel de la science. Ici l'on voit le frai du poisson se transformer, grandir et donner le moyen de peupler nos étangs et nos rivières. Et nous sommes loin d'exagérer en parlant ainsi, car les appareils de la pisciculture sont de la plus grande simplicité. Tout le monde peut en avoir un semblable et l'appliquer aussi bien à une expérience de laboratoire qu'à une grande entreprise. C'est ainsi qu'on a pu voir au Collége de France (décembre 1863), près de trois cent mille saumons, truites ou ombres, nouvellement éclos ou sur le point d'éclore, reposant sur les claies d'un appareil qui n'avait pas tout à fait, au total, *un mètre carré* de surface.

Avant de sortir du Jardin, nous regardons encore

la collection si curieuse d'échassiers et d'autruches, et nous voyons les palmipèdes s'ébattre au bord d'une rivière artificielle coupée d'îles gracieuses.

La direction du Jardin d'Acclimatation prête avec empressement une partie du vaste terrain dont elle dispose pour les expositions et les concours d'animaux. C'est dans cette plaine que nous avons vu l'année dernière l'exposition de chiens de toute race où nous avons admiré de magnifiques spécimens de cet animal, au regard intelligent, le meilleur ami de l'homme, son compagnon de chasse et le gardien fidèle de ses troupeaux, mais où nous avons vu aussi d'affreux petits roquets qui étaient cotés 500 ou 1000 francs, parce qu'ils présentaient je ne sais quelle difformité qui constituait un mérite aux yeux des amateurs. Nous ne parlerons que pour mémoire des boule-dogues et des espèces diverses de leur très-peu aimable famille, aux regards fauves et à la mâchoire sanglante, dont la place serait plutôt marquée dans une ménagerie munie de barreaux solides, que dans une exposition d'animaux domestiques.

Dirigeons-nous maintenant vers la *porte de Madrid* et ayons le courage de nous mettre en opposition avec la plupart des historiens qui ont parlé du Bois de Boulogne.

Piganiol de la Force avait dit que François Ier avait

donné le nom de Madrid à son château de Boulogne. « parce qu'il l'avait fait construire sur le modèle de celui dans lequel il avait subi, en Espagne, sa captivité. »

On a relevé cette erreur en faisant remarquer qu'il n'existe à Madrid aucun château qui ressemble à celui qu'avait fait construire François Ier, et on ajoutait « qu'en donnant le nom de Madrid à la construction qu'il fit élever, l'ancien prisonnier de Charles-Quint avait eu simplement pour but de se rappeler un temps dont il ne devait point souhaiter le retour. »

Nous croyons pouvoir assigner une tout autre origine à ce nom de Madrid, et cette digression nous fournira l'occasion de rappeler quelques faits se rattachant à l'histoire du Bois de Boulogne.

Ce bois faisait autrefois partie de la forêt de Rouvray (forêt de chênes *rouvres*), qui s'étendait au nord jusqu'aux buttes Montmartre, et du côté de la Seine jusqu'à Clichy. Cette forêt, qui avait pris le nom de forêt de Saint-Cloud, sous Chilpéric II fut donnée par ce roi à l'abbaye de Saint-Denis. Un document postérieur porte que le religieux chantre de Saint-Denis, en sa qualité de seigneur du port de Nully, anciennement Luny (Neuilly), avait son chauffage « dedans le bois de *Madry*, » et ce document ajoutait : « Et est le chasteau royal dict de *Madry* basti sur sa seigneurie, pour raison de quoi lis paie tous les ans certaine redevance... »

En présence de ce texte n'est-il pas permis de conclure que François Ier voulut simplement conserver le nom de l'ancien château de *Madry*, et qu'il était loin, bien loin de sa pensée de construire un édifice rappelant le temps le plus pénible de son existence, le temps où il avait tout perdu *fors l'honneur!*

Du château de François Ier, achevé par son fils Henri II, il n'existe plus que quelques rares vestiges. Nous ne retrouverons plus les petits appartements où le galant François se retirait avec Diane de Poitiers. Plus rien ne rappelle le séjour de Charles IX et de Marie Touchet. Rien n'indique la place où Henri III s'amusait à faire combattre des lions et des ours contre des taureaux. La tradition rapporte seulement que le roi ayant rêvé, une nuit, que ses ours avaient brisé leurs clôtures et étaient entrés dans ses appartements pour le dévorer, il éprouva un tel sentiment de terreur, que le lendemain il fit disperser les pensionnaires de sa ménagerie, et les remplaça par une meute de ces petits chiens dont il portait presque toujours un échantillon dans ses bras. Une autre tradition rappelle que c'est dans ce château que Henri IV donnait rendez-vous à Catherine de Verdun, la jolie religieuse de Longchamp.

Vers la fin du dix-huitième siècle le château fut vendu : le nouveau propriétaire voulut le détruire de fond en comble, et, le marteau des démolisseurs n'allant pas assez vite, il ordonna de mettre le feu aux constructions.

Nous avons dit que malgré l'œuvre de dévastation, il existe cependant quelques vestiges du château : ce sont divers émaux attribués par les uns à Bernard de Palissy, par d'autres à della Robbia, et qui ont été incrustés dans la façade de la maison du restaurant de Madrid ; ce sont aussi les berceaux des caves de ce restaurant, et enfin le *chêne de François Ier* qui, d'après la tradition, a été planté par le roi lui-même.

En reprenant l'avenue de la reine Marguerite, nous arrivons au château de *Bagatelle.*

L'ancien château de Bagatelle avait été construit par mademoiselle de Charolais, petite-fille du grand Condé.

L'un des favoris de la princesse s'était tué à la chasse, pendant qu'elle habitait le château de Madrid. Depuis cette époque, le séjour de ce château était devenu pénible pour elle, et elle avait obtenu l'autorisation de faire édifier une nouvelle habitation, qu'elle nomma le *petit Madrid.* C'est là qu'elle recevait de nombreux visiteurs, parmi lesquels on cite Voltaire. Celui-ci ayant vu sur les murs le portrait de la princesse en costume de capucin, écrivit au-dessous :

Frère Ange de Charolois,
Dis-nous par quelle aventure
Le cordon de saint François
Sert à Vénus de ceinture.

Depuis la mort de mademoiselle de Charolais, le château changea souvent de propriétaire. Le comte d'Artois le fit reconstruire à nouveau, et lui donna le nom de *Bagatelle*, en inscrivant sur le frontispice *Parva sed apta*. (C'est petit, mais c'est commode)...

Après la Révolution, Bagatelle fut occupé par madame de Beauharnais, puis par madame Tallien. M. Born père, le restaurateur (dans le sens culinaire) de Madrid, avait affermé ce domaine, et l'empereur Napoléon Ier, qui chassait assez souvent dans le Bois de Boulogne, s'arrêtait parfois à Bagatelle.

Un jour que l'empereur causait avec M. Born, le général Rapp demanda brusquement à un des assistants de quel droit cet homme se trouvait là.

— Prenez garde, général, reprit l'empereur, c'est le maître de la maison.

Plus tard, néanmoins, M. Born dut quitter Bagatelle, qui fit pendant quelque temps partie du domaine de la couronne, et qui, aliéné en 1832 par la liste civile, fut acheté par le marquis d'Hereford, qui l'a considérablement embelli et qui a fait construire dans les dépendances du château des écuries qui font l'admiration de tous les *sportmen*.

Un peu plus bas, non loin de la place où se rencontrent l'avenue de la reine Marguerite et celle de Longchamp, se dresse une croix : c'est la croix Catelan.

Voici la légende que la tradition nous a transmise :

Philippe le Bel avait demandé à Béatrix de Savoie, comtesse de Provence, de lui envoyer un de ses trouvères les plus célèbres, le jeune Catelan. Le Bois de Boulogne avait alors une si mauvaise réputation que le roi crut devoir envoyer une escorte au troubadour, pour qu'il pût venir le rejoindre à Poissy.

Catelan eut le malheur de montrer aux gens de son escorte les boîtes qu'il était chargé de remettre au roi. La belle apparence de ces boîtes tenta la cupidité des hommes d'armes, qui assassinèrent le malheureux qu'ils étaient chargés de protéger. Quant aux boîtes, elles ne contenaient que des parfums.

Les chefs de l'escorte revinrent au palais en déclarant qu'ils n'avaient rencontré personne ; mais bientôt le corps de Catelan fut découvert, sans qu'on pût savoir par qui il avait été assassiné.

Quelque temps après, une fête brillante réunissait au palais les seigneurs de la cour. Un parfum inconnu, mais agréable, embaume l'atmosphère. On s'enquiert pour savoir d'où peut venir cette senteur délicieuse : elle émane des vêtements d'un des gardes du roi. On l'interroge, il balbutie, bientôt on lui arrache l'aveu qu'il est un des assassins du malheureux Catelan, et que le parfum a été trouvé dans la boîte du troubadour chargé par Béatrix de Savoie de remettre au roi des senteurs de la Provence, alors encore inconnues à la cour de France.

Les assassins furent livrés au supplice, et une croix commémorative, — celle qui est là devant nous, — fut plantée à l'endroit où le pauvre trouvère avait perdu la vie.

Nous venons de parler des dangers qu'offrait sous Philippe le Bel le Bois de Boulogne. Sous Charles V, il y avait toujours dans ce bois des bandes entières de brigands, volant et assassinant non-seulement les voyageurs isolés, mais s'attaquant même à des hommes d'armes réunis. C'est ainsi qu'ils pillèrent les bagages de Duguesclin. Il est vrai d'ajouter que plus tard ce fut parmi les voleurs de ce bois que le grand capitaine recruta une partie de ces compagnies franches avec lesquelles il fit des prodiges.

Un siècle plus tard, ce fut le trop célèbre Olivier le Daim, le barbier et le bourreau de Louis XI, qui fut institué par celui-ci grand justicier du Bois de Boulogne, avec droit de haute et de basse justice pour la répression des crimes et délits commis sur le territoire de la forêt. Bientôt après, ce fut André Coictier, le médecin du roi, qui fut investi du titre de seigneur du Bois de Boulogne. Ce fut à cette époque qu'il fit bâtir l'*Abri-Coictier,* dont nous avons parlé.

Lorsque le roi fut mort, qu'Olivier le Daim, qui avait fait mourir tant de gens par la hart, eut à son tour été pendu lui-même au gibet de Monfaucon, et que le parlement eut déclaré nulle l'investiture de la ségneurie de Boulogne, le Bois fit retour au domaine de la couronne, dont il n'est plus sorti jusqu'au moment où il a été donné à la ville de Paris, à la condition de l'embellir et de le transformer, ce qu'elle a fait, — nous le voyons, — avec une magnificence vraiment royale. A en croire les ambassadeurs du roi de Siam qui ont admiré le Bois de Boulogne il y a deux ans, il y manque cependant quelque chose : on eût dû orner les angles des avenues de loups et d'ours sculptés et dorés. C'est bien là l'occasion de répéter qu'on ne peut pas plaire à tout le monde et aux ambassadeurs de S. M. Siamoise. L'idée pourrait dans tous les cas recevoir son application dans le Bois de Vincennes, où il reste beaucoup de carrefours à orner.

Pendant cette petite digression rétrospective, nous avons fait quelques pas, et nous nous sommes approchés d'une merveille au milieu de ces merveilles, d'une oasis au milieu de ce jardin enchanté.

Hélas! le *Pré Catelan* est fermé. Le succès, la faveur populaire pouvait faire espérer la réalisation d'une grande fortune là où un homme de cœur n'a trouvé que déception et ruine... Lui sera-t-il donné de trouver une compensation ?...

Voici le chemin de la *grande cascade.*

Les eaux de la rivière formée par le trop-plein des lacs viennent se réunir dans cette mare qu'on appelle le bassin de Longchamp. La cascade qui s'en élance et qui atteint quatorze mètres de hauteur, nous la voyons rouler en grondant sur des blocs de rochers de cinq à six mètres d'élévation. Visitons en passant une curiosité, c'est la *grotte* de la grande cascade, grotte spacieuse d'où l'on jouit, à travers les eaux jaillissantes, d'un coup d'œil fort pittoresque.

A deux pas et avant d'arriver à l'hippodrome de Longchamp, se présente devant nous un petit moulin; c'est le dernier vestige du couvent de Longchamp fondé par sainte Isabelle, sœur de saint Louis et fille de la reine Blanche. Sainte Isabelle s'était réservé un appartement dans le couvent qu'elle avait fondé. Elle y mourut et, après sa mort, on vint en pèlerinage à son tombeau. Les sœurs minimes établies à Longchamp furent pendant longtemps en grand renom de piété. Plusieurs rois allèrent faire leurs dévotions dans ce couvent. Philippe le Long y tomba dangereusement malade; mais, rapporte un historien, l'abbé de Saint-Denis et ses religieux étant venus pieds nus et en procession, firent toucher au prince un morceau de la vraie croix, et la guérison s'opéra bientôt.

Quelque temps après cependant, Philippe le Long mourut à Longchamp (1322).

Bientôt la morale se relâcha dans le couvent. Nous avons déjà dit que Catherine de Verdun, religieuse à Longchamp, acceptait de Henri IV des rendez-vous amoureux dans le château de Madrid. La licence alla croissant au point que Vincent de Paul dut la signaler par une lettre dans laquelle il flétrit les désordres des sœurs, constatant que les parloirs étaient ouverts au premier venu, que les religieuses s'y rendaient seules, que les frères mineurs s'introduisaient la nuit dans les cellules des sœurs où des jeunes gens étaient également admis; enfin, l'abbé Vincent de Paul ajoutait que les sœurs se montraient avec des vêtements immodestes, et répondaient avec beaucoup d'irrévérence aux observations qui leur étaient adressées sur leur conduite.

La voix de Vincent de Paul ne fut guère écoutée, et il devint de mode dans la haute société parisienne d'aller entendre les religieuses du monastère de Longchamp les mercredi, jeudi et vendredi de la semaine sainte dans une sorte de concert spirituel. Le concours de monde devint encore plus grand vers 1727, alors qu'une actrice célèbre, mademoiselle Lemaure, quitta subitement l'Opéra pour entrer à Longchamp. Bientôt ce furent des artistes et des chœurs de l'Opéra qui vinrent chanter les offices des Ténèbres, et le désordre fut si grand que l'autorité ecclésiastique dut intervenir, modifier les règles du couvent, et défendre l'entrée dans les chœurs d'artistes étrangers à la congrégation. Alors l'église devint déserte, mais la promenade traditionnelle de Longchamp est restée et se renouvelle chaque année pendant la semaine sainte. De nos jours c'est l'occasion des exhibitions excentriques. Les premières modes du printemps y trouvent leur consécration, et le demi-monde surtout y étale ses splendeurs équivoques.

« C'est là, dit un auteur, que s'empressent pour voir et être vues, les plus fringantes existences de la fashion parisienne; ce qui vit et resplendit, ce qui fait sensation dans les salons de la chaussée d'Antin, ce qui en fait l'admiration et reçoit les hommages du noble faubourg, les astres qui jettent le plus d'éclat sur toutes les scènes, les divinités à la mode, les grands noms, les grandes fortunes, les grandes aventures, les succès inouïs, les intrigants et les intrigantes prospères, les chevaliers d'industrie du jour... »

Pour être juste il convient d'ajouter que la description qui précède, s'applique aux grands jours de promenade pendant lesquels il est admis que tout homme qui sait vivre, que toute femme à la mode, doivent se montrer au Bois. Quant à la promenade de la semaine sainte, elle perd chaque année de son importance : les équipages des gens vraiment comme il faut désertent ce jour-là les allées qui conduisent à Longchamp ; les chevaux que des cavaliers improvisés essayent de faire piaffer, sont des *locatis*, et les élégants qui produisent les modes nouvelles sont le plus souvent des garçons tailleurs payés par leurs patrons pour faire l'exhibition d'une coupe de pantalon hasardée, d'un gilet excentrique, ou d'un paletot dont le nom n'est pas encore inventé.

L'*hippodrome de Longchamp*, qui s'offre à nos yeux, est immense. Sa superficie atteint cent trente hectares; ses tribunes peuvent contenir cinq mille personnes. Constatons en passant que les goûts hippiques se développent en France avec une grande rapidité, et que bientôt nos *gentlemen riders* seront salués sur le *turf* de Longchamp d'applaudissements aussi frénétiques que ceux qui disputent les prix aux courses d'Epsom et du Derby, pendant que les parieurs, haletants, attendent l'arrivée du coursier favori, pour inscrire une victoire ou une défaite au *stud-book* français.

Avant de quitter ces parages, disons encore deux mots d'Auteuil. Auteuil a une situation tout exceptionnelle : il a un pied dans le bois, l'autre pied est dans Paris, non pas le Paris de la nouvelle banlieue, mais le centre de la grande ville, puisque des trains partant trois fois par heure, nous prennent rue Saint-Lazare pour nous déposer à la porte même du Bois. Aussi Auteuil est-il aujourd'hui le séjour recherché des artistes et des hommes de lettres. C'est la nouvelle Athènes parisienne. Une construction gigantesque s'y élève pour abriter une exposition permanente de l'industrie. L'édifice a peut-être été conçu sur un plan trop grandiose, et les moyens d'exécution paraissent manquer. Mais nous avons vu se réaliser tant de grandes choses que nous aurions tort de désespérer de celle-là.

Nous voici revenus à peu près à notre point de départ : nous n'avons pas tout vu, mais nous avons visité les points les plus intéressants. Nous nous estimerons heureux si nos lecteurs ne se sont pas trop ennuyés dans notre compagnie.

Paris, — Typ. de Cosson et Comp., rue du Four-St-Germain, 43.

www.ingramcontent.com/pod-product-compliance
Ingram Content Group UK Ltd.
Pitfield, Milton Keynes, MK11 3LW, UK
UKHW022149170726
13837UKWH00004B/1885

9 782329 563282